Jürgen Heinel

Geheime Treffen im Ländle

Jürgen Heinel

Geheime Treffen im Ländle

mit Graf Zeppelin, Schiller, Käthchen,
Daimler, Hauff ...

30 amüsante Interviews in Wort und Bild

Silberburg-Verlag

Die Deutsche Bibliothek – CIP-Einheitsaufnahme
Ein Titeldatensatz für diese Publikation
ist bei Der Deutschen Bibliothek erhältlich.

1 2 3 4 5   05 04 03 02 01

Umschlaggestaltung: Frank Butzer, Tübingen.
Bildnachweis: Dr. Jürgen Heinel, Archiv Heinel, Archiv Silberburg-Verlag.
Druck: Maisch + Queck, Gerlingen.
Printed in Germany.

ISBN 3-87407-388-2

Vorwort

30 mal ist es gelungen, bei der Wiederkehr von so bekannten Persönlichkeiten der Vergangenheit wie Graf Zeppelin, Schiller, Käthchen und vielen anderen rechtzeitig zur Stelle zu sein. War schon das Erscheinen der hohen Herrschaften unauffällig, so musste das erst recht der Fall sein beim Installieren der Aufnahmegeräte und Fotoapparate.

Glücklicherweise konnten die Äußerungen der Prominenten und ihrer zufälligen Gesprächspartner ohne Verlust aufgezeichnet werden. So weit es nötig war, sind sie sorgfältig in den heutigen Sprachgebrauch übertragen worden. Auch bei den Fotos des brisanten Unternehmens gelangen gut verwertbare Schnappschüsse.

Herzlicher Dank gilt den großen und kleinen Helfern rund um die 30 Szenen. Ein kleines Personen-Lexikon am Schluss informiert über den geschichtlichen Hintergrund ...

Inhalt

1

Gottlieb Daimler in Stuttgart:

Kühne Träume

„Schön sehen die Wagen aus, gnädige Frau. Die glänzen ja richtig in der Sonne. Alle geschlossen natürlich. Sicher auch sehr viel schneller als damals ...“

„Ich weiß ja nicht, welchen Typ Sie vorziehen. Manche schwärmen für Japaner, aber unsere sind auch gut. Wir sind beim Daimler geblieben. Was halten Sie von Ford?“

„Ach, ich kann da gar nicht mitreden. Ich sehe mehr auf die Technik, den Fortschritt. Glauben Sie, am liebsten würde ich mal eins auseinander nehmen.“

„Wie das alles geht mit dem Motor und so, das ist mir egal, macht die Werkstatt. Benzin rein, und dann soll das Ding fahren. Man braucht es ja so nötig, jeden Tag.“

„Das höre ich ausgesprochen gern. Aber sagen Sie, die unglaubliche Zahl der Autos setzt mich doch in Erstaunen.“

„Ja, leider viel zu viele. Das ist hier noch harmlos in der Adenauerstraße. Denken Sie mal an die Staus auf der Autobahn, kilometerlang! Das Geruckel dann, alle paar Meter anhalten – zum Wildwerden.“

„Kühne Träume habe ich ja gehabt, gnädige Frau, aber Staus, wie Sie das nennen, kamen da nicht vor!“

2

Wilhelm Hauff vor Schloss Lichtenstein:

Nicht zu fassen!

„Sehen Sie, was ich Ihnen gesagt habe: Kein einfaches Jagdschlösschen, wie Sie denken. Ein richtiges Schloss vielmehr, eine Sehenswürdigkeit, eine Perle!“

„Aber ... “

„Was glauben Sie, warum so viele Leute herkommen, gewandert, geradelt, gefahren vor allem, ganze Busse voll Rentner, Vereine, alles Mögliche. Die wollen was Ordentliches geboten kriegen, kommen oft von weit her, zahlen ja auch Eintritt.“

„Ich bin völlig überrascht – was gibt's denn da drinnen zu sehen?“

„Also die Waffenhalle erst mal, dann die getäfelte Trinkstube. Die Kapelle mit ganz tollen, seltsamen Farben. Na und der Rittersaal – kostbare Bilder und Verzierungen hat der.“

„Aber wieso ist denn das alles entstanden? Es war doch vorher ganz bescheiden, ganz einfach!“

„Na, wegen dem Hauff! Der hat doch das berühmte Buch geschrieben. Und da hat die Herrschaft, die hier das Sagen hatte, zu dem Buch die Burg hingesetzt, fertig!“

„Ich muss mich ein bisschen festhalten, Pardon. Das ist ja wirklich nicht zu fassen!“

STRAUSS
TIKKO
ups

3

Herzog Eberhard Ludwig in Ludwigsburg:

TIKKO – wer ist das?

„Originell, der Obelisk. Was soll das mit den schwarzen Tafeln auf allen Seiten?“

„Namen von berühmten Leuten, die hier geboren sind.“

„Was? Hier in meiner Stadt? Guter Boden für Talente, wie? Was haben die vier gemacht?“

„Mörike war Dichter. Der Kerner, mein ich, auch.“

„So, gleich zwei Dichter. Konnten die denn von so etwas leben?“

„Also Mörike war Pfarrer und der Kerner Arzt.“

„Ganz praktisch. Und die beiden anderen? Ein Offizier dabei, ein General?“

„Nein, sowas nicht. Das hier sind Professoren gewesen. Der Vischer ist der eine und hier der David Friedrich Strauß der andere, der hat der Kirche irgendwie am Zeug geflickt.“

„Sieh mal an! Und TIKKO steht da: Wer ist das?“

„Ach, das ist eine Schmiererei, wie man sie jetzt überall sieht. Irgendwas wird mit Farbe hingesprüht, oft kann man's gar nicht lesen, an Wände oder Denkmäler.“

„Und das ist erlaubt? Bleibt stehen? Da schlag doch gleich einer drein!“

4

Friedrich Hölderlin in Tübingen:

Das ergreift mich

„Verzeihung, das Turmzimmer ...“

„Ja, das suchen die Touristen oft, zeig ich Ihnen, ist unten am Neckar. Waren Sie schon am hübschen Marktplatz? Gibt's viel zu sehen. Also im Turmzimmer war ja der Dichter, der Hölderlin.“

„Alles versunken wohl.“

„Nein, ganz und gar nicht. Das ist sehr merkwürdig. Der hat schwierige Gedichte gemacht und so. Ich hab mal in einer Buchhandlung geholfen und das mitgekriegt. Da sind Wälzer von dem rausgekommen – jeder Kringel drin, den der aufs Papier gebracht hat. Kann ein normaler Mensch nicht lesen.“

„Das ergreift mich, ich fühle den Abstand, doch sagt: in Lettern gesetzt, gedruckt?“

„Das auch, aber die Handschrift selber ist drin, kann man heute alles machen, fotokopieren, wissen Sie ja. Eine Mordsklaue, mit 'ner Feder hingekratzt wohl, ist lange her. Aber es gibt Leute, die kaufen das, ich hab nur so gestaunt. Das wär das Größte, hat einer mal gesagt. Da war ich ganz still.“

„An das Göttliche glauben die allein, die es selber sind!“

WILHELM I

5

Königin Katharina in Stuttgart:

Immer nur vom Mann die Rede?

„Wissen Sie, wer das da ist auf dem Pferd?“

„Ja. Da brauche ich die Schrift gar nicht zu lesen. Unverkennbar der König, mein Wilhelm – ich meine, das ist Wilhelm.“

„Die hohen Herrschaften immer zu Pferd, der ist bestimmt viel auf die Jagd gegangen.“

„Nein, dafür hatte er nichts übrig. Aber beim Militär und im Krieg, da ist er viel geritten.“

„Sie wissen aber viel über den. Meinen Sie, dass er gut zu seiner Frau war?“

„Also wenn Sie von Katharina sprechen, würde ich sagen, es geht so. Aber ich hätte gern auch von Ihnen etwas erfahren. Dem Namen des Königs begegnet man hier ja öfter, ein Wilhelmspalais gibt es, wie ich höre, eine Wilhelma und wohl noch mehr. Aber wie steht es mit dem Namen dieser Frau? Ist immer nur vom Mann die Rede?“

„Nein, sie kommt auch vor. Das Krankenhaus heißt so, das große Katharinenhospital hinterm Stadtgarten. Und dann die Schule da drüben, das Stift. Die beiden kommen mir jedenfalls gleich in den Sinn.“

„Liebe Frau, ich muss sagen, das freut mich ganz außerordentlich!“

6

Ferdinand Graf Zeppelin in Friedrichshafen:

Das ist ja schrecklich!

„Die würzige Luft hier am See, das Schweizer Ufer da drüben – alles wie früher. Aber, Schwerenot, kein Zeppelin am Himmel! Junge, wie ist das mit den Zigarren? Mit den großen Zeppelinen, mit denen man weite Reisen machen kann und die doch sicher ab und zu vorbeischweben?“

„Noi, i han dahanne no koin gseha.“

„Teufel noch mal, wieso nicht?“

„Friher isch mal a Oglück bassiert, uff me Foto könnet Se sehe, wie dr Zeppelin nabstürzt und verbrennt.“

„Das ist ja schrecklich. Sag mal – werden überhaupt noch welche gebaut?“

„Hano, so kloine hats älleweil. Sell machet Reklame fier irgendebbes, Nivea odr Fuji-Filme. Ond jetzet gibt's en neue Zeppelin, han i ghört, um so a Dutzend Leit um de Bodesee zum fliega. Ond no wellet se au no welche baue, um ganz schwere Laste zum hebe ond transportiere.“

„So? Eine gute Idee! Hier in Friedrichshafen?“

„Ich glaub im Norde.“

„Da muss ich mich gleich kundig machen. Und vielen Dank, junger Herr!“

7

William Shakespeare in Schwäbisch Hall:

An einem einzigen Abend?

„Das sieht ja aus, als wäre die Treppe eine Bühne!"

„Das ist auch so. Abends sitzen hier die Leute."

„Was wird denn gespielt?"

„Ach, oft der ‚Jedermann' oder was vom Shakespeare."

„Wirklich, von dem? Hier?"

„Unsere Lehrerin hat uns gerade erzählt, in Württemberg wär der Shakespeare sogar das allererste Mal in Deutschland gespielt worden. In Balingen, glaube ich – nein, in Biberach."

„Dann ist es ja ganz richtig, dass ich hier bin! Welches war denn das erste Stück?"

„Hab ich mir nicht gemerkt. Aber wissen Sie was, wenn Sie sich für die Shakespeare-Sachen interessieren, dann gehen Sie doch runter an den Fluss. Da ist das neue Globe-Theater, da spielen sie alle Stücke von dem an einem Abend!"

„Wie? An einem einzigen Abend?"

„Ja, das soll sehr lustig sein. Die Schauspieler müssen immerzu die Rollen wechseln. ‚Shakespeares sämtliche Werke', so heißt das."

„Da möchte ich bloß wissen, warum ich mir mit dem Schreiben so viel Mühe gemacht habe!"

IBS

8

Herzog Carl Eugen in Bad Wildbad:

Gerade hier geschah es

„Wieviel Bedeutung dieser Ort für mich hat! Es ist doch verrückt zu denken: Da hat ein Regent über so vieles zu gebieten und ist ein kleiner Gott beinahe. Und kann doch eines nicht herbeizwingen: eine echte Beziehung zu einem Menschen. Unter dem Gewimmel von Leuten! Vor Wildbad niemals.

Und dann sie! Hier sah ich sie zum ersten Mal. Ich gut 40, sie 20 Jahre jünger. Ich weiß es noch sehr genau. Sie mit ihren blauen Augen, von Figur mittelgroß – ach, man kann es gar nicht beschreiben, die Äußerlichkeiten sind es ja nicht. Ganz anders war sie, anders als alles, was ich bis dahin erlebt hatte. Das Ungekünstelte, Offene, Klare ...

Ein Glück, dass ihr Mann dieser merkwürdig kleine und etwas verwachsene Mensch war, den ihr die Familie aufgedrängt hatte. Aber nichts von List und Tücke bei ihr! Erst Scheidung da und Trennung hier – eindeutige Verhältnisse. Und dann diese wundersame, beständige Harmonie!

Wie kam ich überhaupt her damals? Ach ja, der kleine Empfang – die Schwägerin aus Mömpelgard mit ihrem Gefolge. Nur kurz herüber in den kleinen Badeort, für einen Tag. Und hier, gerade hier geschah es!“

9

Muskettier bei der Solitude:

Irgendwo draufgehen

„Ach, sagen Sie bitte: Kann man in das Schloss hinein, ist es jetzt offen und wo ist die Kasse?“

„Weiß ich nicht.“

„Ich bewundere nämlich den Bau. Die herrliche Lage, das leuchtende Weiß, die schwungvolle Treppe und die tolle Symmetrie. Ein liebenswürdiges Gebäude. Nun würde ich es eben gern mal von innen sehen.“

„Fragen Sie bloß nicht, wieviel es gekostet hat!“

„Sie sprechen ja so bitter.“

„Nun, ich will nicht behaupten, dass dieses Schloss vom Soldatenverkauf bezahlt wurde. Aber Soldaten hat man für Geld verschachert, das ist sicher.“

„Das war vielleicht üblich in der damaligen Zeit.“

„Ja, üblich war es schon, ich könnte Ihnen von einigen Beispielen erzählen. Was aber auch üblich war: nicht zurückkehren, sondern irgendwo in der Welt draufgehen durch Kugeln oder Krankheiten. Das ist es, was mir einfällt bei so schönen Fürstenhäusern mit Symmetrie oder ohne.“

„Ach, Sie verderben mir ja richtig die Lust an dem Besuch. Ich will aber darüber nachdenken.“

10

Balthasar Neumann in Neresheim:

War der Bau zerstört?

„Ich bin ganz begeistert: Sie sieht gerade so schön und gut erhalten aus, die Kirche, wie ich sie mir in den Plänen vorgestellt habe. Gefällt sie Euch?“

„Ja, aber vor ein paar Jahren sah es hier noch anders aus. Da hätten Sie das nicht gesagt.“

„Wieso? War Krieg? War der Bau zerstört?“

„Nein, das nicht. Aber er ist gründlich überholt worden, saniert.“

„Also war doch etwas kaputt?“

„Nun, bei der hohen Decke zum Beispiel, das können Sie sich doch denken, da sind schon mal Risse drin. Und dann die Sache mit den Überschallfliegern.“

„Was ist denn das?“

„Wenn die Schallmauer durchbrochen wird, dann knallt es doch. Da gab es so vage Vermutungen.“

„Interessant. Ihr berührt mein Interesse für Bautechnik und Mathematik. Ein Knall? Und wie habt Ihr eben gesagt: Flieger??“

„Ihr Wissensdurst in Ehren, lieber Herr, aber meine Familie wartet schon auf mich. Fragen Sie einfach ein paar von den Leuten, die hier rumlaufen. Die können Ihnen bestimmt weiterhelfen.“

11

Königin Marie Antoinette in Oberdischingen:

Das wühlt mich auf

„Mir kommt's tatsächlich so vor, als wäre ich hier schon einmal gewesen."

„Sie werden sich wohl nicht irren. Unser Dorf ist zwar klein, hat aber eine sehr interessante Vergangenheit und ein ungewöhnliches Ortsbild!"

„Erzählt nur!"

„Gern. Die Kastanienallee hier macht den Auftakt. Dann die Herrengasse mit lauter Häusern im französischen Mansardenstil. Und vorn rechts der schöne Kanzleibau, links unsere Pfarrkirche, klassizistisch, mit imposanter Kuppel!"

„Ich danke Euch. Man ist dann gleich aufmerksamer."

„Etwas sehr Wichtiges habe ich ja noch gar nicht erwähnt. Stellen Sie sich vor: Als die Kanzlei schon stand und die Häuser so ungefähr auch, ist unserem Ort die große Ehre zuteil geworden, dass der Brautzug der Marie Antoinette von Wien nach Paris hier durchkam! Viele Wagen, 300 Reiter. Unser Reichsgraf bis Donaueschingen als Geleit dabei!"

„Das wühlt mich direkt auf, vor allem wenn ich denke, dass es – wie sage ich – dieser Königin nachher in der elenden Revolution so furchtbar ergangen ist."

„Ja, schlimm. Aber bei uns, müssen Sie wissen, da hat der Name Marie Antoinette einen guten Klang!"

12

Ludwig van Beethoven in Bad Mergentheim:

So? Eine Tafel?

„Ich bestaune die Spiegelung, das Doppelbild, eine Fuge geradezu. Und was für ein Riesenfenster!“

„Ha jo, des könnet Se bei dene G'schäft mit oiner großen Scheib scho nokrieage. Aba saget Se: Ganget Se zr Fasnet? Dafür ischs aba scho zu spät in dem Johr. Se machet wohl uff en alte Musikmeischter, so an Art Betthove?“

„Wie kommen Sie darauf?“

„Ho, bei dem Haus dromme ums Eck, do hot's an Gedenktäfele. Der isch doch tatsächlich dag'wä, mit saine zotteliche Hoar.“

„So? Eine Tafel? Ach, das interessiert mich doch sehr. Darf ich mal fragen: Was steht denn darauf?“

„Des is schwierig zum verstande, ebbes Hohes, von dene Götter und Olympia. Ond uff oiner kloinere Dafel steht ebbes von oinem Orcheschder un oinem Hochmeischder.“

„Immerhin, immerhin, das muss ich sehen. Die liebe Familie vom Kanzler Breuning. Und mit dem Orchester, das stimmt. Beim Hochmeister als Bratschist, ein junger Kerl war ich, Geld verdienen. Und servieren! Steht das auch da??“

„Ho, des woiß i net, i ben scho froh, dass i ebbes in maim Meggele behalte han.“

13

Das Käthchen in Heilbronn:

Die Leute sehen so fremd aus

„Das also ist es! Ein Mädchen hat mir das Schild vorgelesen: das Käthchenhaus. Mit schönem Erker. In einem Krieg kaputtgegangen und wieder aufgebaut. Und ich – ich kann mich nicht erinnern. Ein Schloss in Flammen, das weiß ich noch. Aber wo ist das gewesen?

Lange muss es her sein, die Leute sehen so fremd aus. Ganz andere Kleider. Und die Mädchen, das ist mir zuerst aufgefallen, sie tragen gar keine Zöpfe. Laufen auch nicht barfuß, haben sogar hohe Klötze unter den Füßen. Ob eine vornehm ist, das kann man nicht recht erkennen. Bei manchen ist die Kleidung ganz schwarz, da ist wohl jemand gestorben in der Familie.

Neben dem Haus ist der Käthchenhof. Wie lieb! Ich habe mich zuerst nicht hineingetraut. Aber er ist offen, und nach einer Weile bin ich einfach mit den Leuten gegangen. Sauber und schön kommt mir alles vor. Und die feinen Waren hinter den großen Scheiben! Eine Frau hat gesehen, dass ich nicht Bescheid wusste, und hat erklärt, es ist ‚Käthchens Bäck und Snack'. Ich habe es nicht verstanden, aber mit einem Knicks gedankt. Vielleicht sind die Brote gemeint, die dort liegen. Dann Kleider ein Stück weiter und andere Herrlichkeiten. Ach – was würde mein hoher Herr zu alledem wohl sagen?"

14

Herzog Ulrich in Bad Urach:

Aber nicht für jedermann!

„Ganz erbost bin ich darüber, dass so viele Leute in das herzogliche Schloss einfach hineintrampeln, als wären sie auf dem Jahrmarkt. Aus einer sehr großen Kutsche sind vielleicht fünfzig solcher Narren herausgequollen."

„Nun, mein Herr, das Haus hat vieles zu bieten."

„Aber nicht für jedermann! Meine Zeit, das müsste doch unterbunden werden."

„Ganz im Gegenteil. Die Schlossverwaltung ist froh über den Zuspruch. Die Leute zahlen ja Eintrittsgeld. Und durch solche Gruppen kommt viel rein."

„So. Aber sagt einmal, erstaunt bin ich über den Zustand des Hauses, es macht einen tadellosen Eindruck."

„Es ist gründlich überarbeitet worden. Und sehen Sie – dorthin sind auch Eintrittsgelder geflossen."

„Und wie steht es mit dem Andenken an das Herzogshaus, an Eberhard und Barbara, an Ulrich?"

„Die Räume sind in bestem Zustand. Mit den Personen, das weiß ich weniger, so Geschichtliches. Ich bin mehr an den Finanzen interessiert, bin von der Steuer. Aber drinnen können Sie viel erfahren. Und nicht vergessen: schön Eintritt zahlen!"

15

Max Eyth am Max-Eyth-See:

Ein Komponist?

„Die Anlage hier gefällt mir. Sagen Sie bitte, fließt da drüben vor den Hängen der Neckar? Ich kenne mich hier nicht gut aus, hab nur so eine Ahnung."

„Ja, der Fluss ist dort und wir gehen oft hier in den Park und an den See. Da denkt man doch gar nicht, dass man in Stuttgart ist."

„Darf ich noch mehr fragen?"

„Okay."

„Das heißt: ja? Also, vielleicht ist dieser See aus einer Kiesgrube entstanden?"

„Au wei, das kann ich nicht sagen. Oder eine alte Schleife vom Neckar, irgendsowas, ich weiß es nicht."

„Hat das Ding einen Namen?"

„Ja, das ist der Max-Eyth-See."

„So? Interessant! Ein Komponist?"

„Nein, das weiß ich. Der hat als Ingenieur viel für die Landwirtschaft gemacht und ist mit Erfindungen übers Meer gefahren. Und dann hat er Bücher drüber geschrieben und toll gemalt, von Ägypten und so. Wir haben welche davon."

„Das ist wirklich sehr erfreulich! Aber warum der Name für den See?"

„Am Ende, weil der Mann viel auf dem Wasser herumgeschippert ist!"

16

Fürstabt Kuno I. in Ellwangen:

Wo ist die Burg?

„Ich bin, meine ich, den rechten Weg hochgekommen. Hier muss doch die Burg stehen, das Modell habe ich mitgebracht. Aber wo ist sie denn?“

„Ach, schauen Sie mal, alles ist ja schon beim Tor, wo Sie auch hereingekommen sein müssen, ganz anders als bei Ihrem Modell. Und erst recht beim Schlosshof, nein, da stimmt ja gar nichts mehr.“

„Von einem Schloss sprechen Sie?“

„Eine Burg war's wohl mal zu Anfang. Aber dann hat den geistlichen Herren etwas Vornehmeres vorgeschwebt. Als was Barockmäßiges haben sie's herausgeputzt und umgemodelt und natürlich auch bequemer gemacht. Kommen Sie nur und sehen sich den schönen Hof an mit den Arkaden. Und drinnen die herrschaftliche Treppe und die vielen Räume mit all den Sachen zum Betrachten!“

„Da komme ich jetzt vielleicht zu ungelegener Zeit und störe nur die Herrschaft.“

„Nein, eine Herrschaft gibt's nicht. Ämter sind drin und die Museumssachen, gehen Sie nur ruhig rein. Aber ich will Ihnen noch einen Tipp geben: Bei den Museumsleuten, da müssen Sie mit Ihrem Modell vorsichtig sein, vielleicht gut verstecken unter Ihrem Umhang. Die wollen immer alles Alte ergattern und dann ausstellen!“

17

Charlotte D. in Stuttgart:

Enorm kurz und gewagt

„Hören Sie, ich kann mir absolut nicht vorstellen, dass ich im Herzen der Stadt sein soll. Ich habe doch lange hier gelebt. Und nun ist alles fremd. All diese Häuser, als ob ein Erdbeben das Gewohnte verschlungen hätte. Und dann die Geräusche, die dauernd in der Luft sind. Ein Brummen oder Schwirren, ich weiß gar nicht, wie ich sagen soll. Und diese Wagen auf dicken Rädern, alles voll davon."

„Kann ich Ihnen helfen?"

„Das ist aber reizend, ja, ich bin etwas verwirrt von alledem, was ich hier sehe. Zum Beispiel wundere ich mich über die Sachen in den Schaufenstern. Ich habe mir natürlich gleich die Stoffe und Kleider angeschaut. Kommt mir alles recht fein und fesch vor. Aber vieles enorm kurz und gewagt, so frei!"

„Da trägt heute jeder, was er mag, Kurzes, Langes, Saloppes – es gibt was für jeden Geschmack."

„Man gewöhnt sich vielleicht daran. Aber sagen Sie: die früheren Häuser – wo sind sie denn geblieben?"

„Na ja, da war Krieg, und bei den Angriffen ist alles durch Bomben in einen riesigen Brand geraten und vernichtet worden."

„Schrecklich. Und ich hatte gedacht, dass die Menschen mit der Zeit vernünftiger würden!"

18

Friedrich Schiller in Ludwigsburg:

Ach, wenn die wüssten!

„Oh – ein richtiges Denkmal! Der grüne Platz und so emporgehoben, es verschlägt mir direkt den Atem. Hier, wo ich zur Schule ging, so eine Ehrung. Wohl von der Stadt gespendet und feierlich eingeweiht mit Girlanden und Reden und Gesang wahrscheinlich.

Auf so ein Postament also gestellt, als ob ich eine flammende Rede halten wollte. Niemals! Aber ich sehe, ich bin am Schreiben, das Blatt in der Hand und den Blick wohl gerichtet ins Visionäre, Poetische. Ach, wenn die wüssten! Das Tuch missfällt mir, das ich hier trage wie eine Toga. Der Herr Schiller als klassischer Römer. Ja, so ist das mit der lieben Nachwelt!

Jetzt habe ich einmal hinter das Denkmal geschaut, auf den Text: Es ist gar nicht von der Stadt, sondern von einem Ludwig Hofer. Aus Verehrung für den großen Dichter. Rührend im Grunde, ich kann es kaum glauben. Schön und doch zugleich auch schwierig anzunehmen.

Zu Carrara in Marmor ausgeführt, steht geschrieben. Was, ihr Götter, wohl für eine Riesensumme! Wenn ich davon nur einen winzigen Teil hätte bekommen können in unseren drückenden Verhältnissen, es wäre mir unendlich geholfen gewesen. Ja – leicht beieinander wohnen die Gedanken, doch hart im Raume stoßen sich die Sachen!“

SCHILLER

19

Herzogin Franziska in Kirchheim unter Teck:

Man reimt sich allerhand zusammen

„Entschuldigen Sie, ich habe in einem Reiseführer gelesen, dass hier die Herzogin Franziska als Witwe gelebt hat im Schloss. Stimmt das?“

„Das weiß ich genau, es ist richtig.“

„Und ist das wirklich wahr, wissen Sie vielleicht etwas darüber, dass sich der Herzog, dieser Carl Eugen, durch sie so zum Guten gewandelt hat?“

„Wenn ich sagen würde, das könnte sein, dann wäre es stark untertrieben. Er hat ihr versichert, beständig an ihrer Seite zu bleiben, und so ist es wundersamerweise tatsächlich geschehen.“

„Vorher war das anders?“

„Oh ja, da war schon so mancher Wechsel und das Theater spielte eine bedeutende Rolle ... “

„Der Herr lebte also in Saus und Braus?“

„Von weitem sieht das wohl so aus und man reimt sich dann allerhand zusammen. Aber er hatte zum Beispiel nichts übrig für Alkohol und Kartenspiel, stand früh auf, vermied persönlichen Wohnungsprunk.“

„Das sollte man wirklich gar nicht glauben, wo er doch Mittel zu allem und jedem hatte. Da haben Sie ganz recht mit dem Zusammenreimen. Wenn man selber in höchstem Rang wäre, ob man dann wohl mit Versuchungen fertig würde?“

Gleis
1
gart
94
0

20

Friedrich List in Ulm:

Lauter Wunder!

„Das ist ja ganz unglaublich: so leise, so schnell, so lang!! Sagen Sie mir bitte, wie so etwas möglich ist."

„Haben Sie noch keinen ICE gesehen? Vielleicht sind Sie selten in der Stadt. Ja, die Maschinen sind jetzt schon stark und machen 200 Kilometer in der Stunde und mehr, wenn die Strecke es zulässt. Der fährt nach Berlin rauf."

„Nach Preußen also. Aber gleich da vorn ist doch die bayerische Grenze. Kein Aufenthalt, keine Gebühren?"

„Ach wo, das spielt keine Rolle im Land und beim Ausland oft auch schon nicht mehr."

„Alte Visionen sind also wahr geworden! Aber sagen Sie: Es sind ja gar keine Leute im Zug!"

„Das schon, aber die Wagen haben getönte Scheiben."

„Lauter Wunder. Die reine Freude, so zu reisen!"

„Na ja, es ist nicht gerade billig. Und da haben Sie recht, die Züge sind nicht voll genug. Es hat doch jeder sein Auto, da ist die Bahn nicht mehr die erste Wahl."

„Unvorstellbar: Nun läuft alles so herrlich und es gibt doch wieder Probleme!"

21

Joseph von Eichendorff in Wangen:

Entzückend zu hören

„Darf ich etwas fragen? Ich habe da vorn ein kleines Denkmal entdeckt. Zu meiner Freude stellt es den Taugenichts dar – und das hier im Allgäu. Gibt es da einen Zusammenhang?"

„Das kann ich Ihnen schon erklären. Der Eichendorff hat doch den ‚Taugenichts' geschrieben und stammt aus Schlesien. Als nach dem letzten Krieg Schlesien polnisch wurde und die Flüchtlinge kamen, da haben sie Eichendorff-Sachen mitgebracht oder später gesammelt. Und dann haben sie ein kleines Museum aufgemacht, hier im Haus."

„Das ist entzückend zu hören. Ich würde das natürlich gern mal sehen. Geht man dort zur Tür hinein?"

„Ja. Sie gehen an Ritterrüstungen vorbei, dann ist da das Käserei-Museum, daran vorbei, den Wehrgang lang, wo Sie einen schönen Blick über die Dächer der Stadt haben. Eine historische Badstube ist auch da, also da oben finden Sie dann die Räume vom Eichendorff-Museum. Aber nicht nur die Handschriften und Bilder ansehen! Auch die stilechten Biedermeiermöbel beachten, vom Sigmaringer Fürst gestiftet, und die entsprechenden Tapeten!"

„Herzlichen Dank. Ich werde, liebe Frau, alles zu würdigen wissen!"

22

König Friedrich I. in Bopfingen:

Spaß beiseite

„Das ist doch – ganz unverkennbar – der Ipf!"

„Da sind wir stolz drauf, dass wir so einen Berg als Wahrzeichen haben."

„Und ich freue mich heute noch, dass Württemberg damals mit all dem Land hier den doppelten Umfang bekam. Und dass es, wie ich höre, dabei blieb. Was denkt Ihr: Einer, der an keinen üblichen Schreibtisch passt, mag doch auch kein Kleckerlesland regieren? Aber Spaß beiseite – sagt vor allem, ob es die Messe, die ein gewisser Jemand den lieben Neubürgern damals stiftete, ob es die noch gibt?"

„Selbstverständlich, wie wird man so etwas Schönes aufgeben. Immer am ersten Juliwochenende, eine Einladung schicken wir Ihnen gern!"

„Was ich aber von Euch noch erfahren muss: Wie können Straßen so fest und so schön glatt werden? Da rollt doch jeder Wagen fast von allein."

„Ja, also, das ist Asphalt, ist doch überall auf den Straßen drauf!"

„Hervorragend! Sagt weiter: Das müssen vermögende Personen sein, die hier in den weißen, umgrünten Schlösschen wohnen."

„Eigentlich ganz normale Leut, reich sind andre."

„Ihr verblüfft mich mit jeder Antwort!"

23

Faust in Knittlingen:

Der Teufel?

„Ich bin richtig enttäuscht über diesen Faust! Ich habe mir den immer als Professor an einer Universität vorgestellt, so als Genie. So wie der im Theater beim Goethe. Dabei war der wohl eher ein Gaukler."

„So, so."

„Interessant, was man im Geburtshaus und Museum hört und liest. Vieles dunkel, hat mir ein Besucher gesagt, der Experte ist. Mit dem Geburtsort aber hat es wohl seine Richtigkeit."

„Knittlingen stimmt. Ich meine, ich glaube Ihnen, dass Sie es so gehört haben."

„Als Lehrer hätte er den Kindern nicht gut getan, sich bei den Knaben wohl auch gar vergriffen!"

„Oh je!"

„Und dann nichts mit dem Teufel und einem Pakt, wie es in den Büchern steht."

„Der Teufel? Ist leider niemals erschienen! Das hätte der Faust doch gemerkt, wenn er gezwickt wird. Verraten die da drin einem wenigstens irgendein Zauberwort, mit dem man was anfangen kann?"

„Davon hab ich nichts gehört."

„Dann gehe ich gar nicht erst rein."

GEBURTSHAUS
10

24

Hermann Hesse in Maulbronn:

Tumult

„Von den Hügeln sinkt mit goldenen Schleiern der Abend – das habe ich hier so manches Mal erlebt und doch Bitterkeiten empfunden. Eine schwierige Station meines Lebens. Sehr wohl erinnere ich mich der widerstreitenden Empfindungen. Zum großen Teil musste ich diesen Tumult in mir ausfechten. Wem mich anvertrauen, wie deutlich machen, worunter ich hier litt?

Der Stein, auf dem ich verewigt sein soll, ich kann ihn nicht finden. Ich wäre dort, so wurde mir gesagt, einfach vermerkt als früherer Zögling, sodass man auf Harmonie schließen könnte. Das wäre durchaus nicht nach meinem Sinn.

Oben im Ausstellungsraum ist das Gegenteil der Fall. Zwei Tafeln referieren über mich, solide und zutreffend. Aber warum haben die anderen, die genannt sind, der große Johannes Kepler, Hölderlin mit seiner Genialität und dem schweren Schicksal, Caroline Schelling, Kerner: Warum müssen sie sich mit einer Tafel begnügen? Hier bedrückt mich die Herausgehobenheit. Doch höre ich schon den Einwand: Wie kann man es diesem Herrn H. denn recht machen?“

25

Eines der „Weiber“ von Weinsberg:

Das stimmt aber nicht

„Also Weibertreu heißt die Burg – ich weiß nicht, ob das mit der Treue wirklich so weit her war. Doch sagen Sie mal: Steht die Burg noch? Ich kann das von hier aus nicht so richtig erkennen.“

„Es ist eine Ruine. Mauern gibt es noch und ein paar Türme. Beim Bauernkrieg ging sie kaputt.“

„Und wie wird das mit dem Namen denn erklärt?“

„Ach, da hat mal ein König die Burg besiegt und die Frauen laufen lassen, heißt es, und sie durften mitnehmen, so viel jede tragen konnte. Und da hätten sie ihre Männer weggeschleppt – deswegen.“

„Haben denn alle ihren Gemahl auch schultern können?“

„So wird's erzählt und auch gemalt.“

„Das stimmt aber nicht. Denn einer ist viel zu schwer gewesen. Und da haben sich zwei – die eine eben und die Lis – zusammengetan, haben mit einer Strohpuppe einen zweiten Mann vorgetäuscht und in Wirklichkeit, nebeneinanderher wankend, den mordsbreiten Kerl zu zweit heruntergeplackt. So war's und nicht anders!“

„Woher wissen Sie denn das so genau?“

„Ich hab mich, so will ich mich mal ausdrücken, in dieser Sache sehr direkt engagiert!“

TOTO
LOTTO

26

Rudolf Steiner in Heidenheim:

Wenn man hineinblicken könnte!

„Die Formen, in denen sich dieses Haus darstellt, tun mir außerordentlich wohl."

„Jo, des isch a scheene Schul. Aba jetzet, so spät, isch se net offa."

„Ach, wenn man hineinblicken könnte in das Innere! Wissen Sie, wie lange sie schon von dem Berghang herabschaut auf die Stadt?"

„G'nau net. Aba i wor dabei, wie se eröffnet worde isch. Des woar a herrlichs Fescht."

„Waren Ihre Kinder auch dabei?"

„Noi, von mir nedde, aba mai Schweschter ihr Nicole, um dui isch's ganga, un da bin i mit no."

„Ach sagen Sie, das interessiert mich, hat die Eurythmie eine Rolle gespielt?"

„Meinet Se des Tanze? Jo, des isch uffgefiert worde mit so schlapperiche Tücher, bunt isch's g'wä ond schee. Ond oin Stickle in Französisch hän se au zeigt, mit Elfen, ‚les elfes', des han i no em Ohr."

„Ich höre heraus, dass Eingang behalten haben Züge der Geisteswissenschaft."

„Des ko scho sei. Mr hot, was iberall uffgebaut war, s'Büffee gfalle, wo's hintedrei umsonscht geba hot!"

27

Götz von Berlichingen in Jagsthausen:

Dann gibt's Ärger

„Was? Drei Schlösser jetzt? Und unser altes hier?"

„Ja, es ist daran restauriert und auch gebaut worden, müssen Sie wissen. Ich finde die dicken Türme dahinten am eindrucksvollsten, was für die Ewigkeit."

„Die halten was aus! Viel an Verteidigung ist hier vorn aber, wenn ich das so betrachte, nicht möglich."

„Na ja, das war früher mal mit Pechnasen und alledem. Die Zeit ist lange vorbei. Aber ich bin froh, dass ich mal mit einem Schauspieler sprechen kann. In welchem Stück spielen Sie denn mit?"

„Hier? Ich? Ich bin doch ..."

„Ja, wissen Sie das denn nicht: Hier wird doch Theater gespielt! Der ganze Hof ist voller Sitzbänke und die Bühne hat den tollen historischen Hintergrund. Hier vorn stehen Kulissen rum, die ‚Fledermaus' gibt's, den ‚Götz' und ... "

„Den ‚Götz'?"

„Freilich und noch dazu von Goethe. Das ist doch ganz berühmt und in gutem Sinn verfasst."

„Von diesem Theaterschreiber hab ich noch nichts gehört. Wenn das ansehbar ist, wie Ihr sagt, dann will ich mir das Spektakel mal zur Brust nehmen! Aber wehe, wenn's nicht stimmt – dann gibt's Ärger!"

aurant

28

Römischer Legionär in Welzheim:

Verdammt kalt

„Gar nicht schlecht gemacht mit diesem Eingang. So ungefähr habe ich die Sache auch in Erinnerung. Ob da wirklich was stehen geblieben ist? Wahrscheinlich die Mauerstümpfe, die man in der Erde sieht. Und Abgüsse vielleicht dazugestellt, damit es römisch wirkt.

Was man nicht sieht, das ist die Langeweile, die wir hatten beim Wachestehen. War auch zu friedlich, gar nichts los. Rom wäre mir bedeutend lieber gewesen oder was am Meer, mit Schiffen.

Und dann der Urwald! Bäume, Sträucher, Sumpf und Stacheln. Ein paar Trampelpfade. Warum haben wir sowas bloß erobert? Für all den Unsinn, den sich die Herren in Rom ausgedacht haben, mussten wir schließlich den Kopf hinhalten – die Bande!

War ja verdammt kalt, dieses Germanien. Saukalt. Kaum wurde es mal ein bisschen wärmer, kamen Gewitter und aus war's. Die Leute von hier, die empfinden das wohl gar nicht so. Etwa der junge Germane da vorn am Tor. Es weht ein ziemlich kühler Wind – macht dem offensichtlich nichts. Zieht das Hemd aus und denkt, er ist in Ägypten. Ich jedenfalls – ich hab die Nase voll gehabt von dem Wetter und zu allermeist nichts als gefroren!"

29

Jérôme Bonaparte in Ellwangen:

Bin sehr gespannt

„Kommen müssen Sie, wenn Konzert ist! Die Lichterketten und der ganze Hof voller Leute. Man hört hier vorzüglich. Ham Sie's schon erlebt?"

„Nein, das ist sicher schade."

„Wissense, das Haus ist ja alt. Hier waren nicht nur die Fürstpröpste, hier war auch mal der Jérôme. Dem Napoleon sein Bruder war das. Und hat Glück gehabt. Haben Sie davon gehört?"

„Bin sehr gespannt."

„Wo der Napoleon Kaiser war, da ist der Jérôme die Treppe raufgefallen, ist König geworden, war in Kassel. Und hat dem hiesigen König seine Tochter zur Frau gekriegt. Aber dann ist doch das mit dem Napoleon schief gegangen und mit dem in Kassel gleich mit. Doch durch seine Frau kam er wieder auf die Beine, war eine Weile hier, als Fürst. Und wissen Sie, was das Beste war an der ganzen Sache und was keiner gedacht hat: Die Frau ist ihm bei all dem Durcheinander und auch gegen ihren Vater immer treu geblieben – da konnte der doch von Glück reden? Es geht eben nix über ein württembergisches Mädchen!"

„Damit, mein liebes Fräulein, haben Sie völlig recht!"

30

Eduard Mörike in Neuenstadt:

Furchtbarer Lärm

„Verzeihen Sie, ich warte schon sehr lange hier. Aber es kommt einfach keine Postkutsche, die mich nach Cleversulzbach bringt."

„Sie meinen sicher ein Taxi. Oder einen Autobus?"

„Bei dem furchtbaren Lärm kann ich gar nicht so gut hören. Ich habe das nicht richtig verstanden."

„Ich habe gemeint, ob Sie ein Taxi wollen. Cleversulzbach, das ist doch ein Katzensprung."

„Nun, eine Reise nach Prag ist es zwar nicht, mit Verlaub, aber ein Katzensprung? Das dünkt mich denn doch zu kurz bemessen. Ich habe diesen Weg, den das Pferd wohl in einer knappen halben Stunde durchmisst, schon wiederholt zu Fuß zurückgelegt. Jedoch gemachsam, mit kleinen Abzweigungen zu lieblichen Stellen ans munter fließende Wasser, wozu mich die grüne Wildnis verlockt hat."

„Hört sich schön an, aber heute hat niemand Zeit, alles muss schnell gehen. Vielleicht wäre ein Fahrrad für Sie das Richtige. Das ist so ein Mittelding im Tempo und auch nicht laut. Auf eine Kutsche, mein Herr, da warten Sie jedenfalls hier ganz und gar vergebens."

Personen-Lexikon

1: *Gottlieb Daimler,* 1834–1900, einer der entscheidenden Köpfe zu Beginn der Motorisierung. Entwickelte 1883 in Cannstatt einen schnelllaufenden Motor für Fahrzeuge. So für ein Auto einen Einzylindermotor mit 1,5 PS und 18 km/h – ein staunenswerter Anfang.

2: *Wilhelm Hauff,* 1802–1827, begabter Erzähler. Hatte besonderen Erfolg mit dem historischen Roman „Lichtenstein". Sehr beliebt wurden auch seine reizvollen Märchen. Herzog Wilhelm von Urach ließ das neugotische Schloss Lichtenstein 1840 erbauen und den einfachen Vorgängerbau abreißen.

3: *Eberhard Ludwig,* 1676–1733, Herzog von Württemberg. Machte das von ihm gegründete Ludwigsburg zur Residenz mit Schloss und Park in großer Prachtentfaltung – ein schwäbisches Versailles.

4: *Friedrich Hölderlin,* 1770–1843, klassischer Dichter auf dem Gebiet der Lyrik und Versepik. Verbrachte den letzten Teil seines Lebens umnachtet im so genannten Turmzimmer des Hölderlinturmes am Neckar. Volle Anerkennung fand sein Werk erst im 20. Jahrhundert, besonders durch die Arbeiten von Friedrich Beißner und die originelle Editionsweise von Dietrich Sattler.

5: *Katharina Pawlowna,* 1788–1819, Tochter des Zaren Paul. Durch die Heirat mit ihrem Vetter Wilhelm wurde sie württembergische Königin. Setzte sich mitfühlend für Sozialpolitik und Frauenbildung ein. Beigesetzt in der Grabkapelle auf dem Württemberg (Rotenberg).

6: *Ferdinand Graf Zeppelin,* 1838–1917, Pionier der Luftschifffahrt. Technikstudium in Tübingen, militärische Laufbahn, württembergischer Gesandter in Berlin. Im Jahre 1900 erster Flug eines Zeppelins am Bodensee, 18 Minuten lang. Bau von weit über 100 Luftschiffen in Friedrichshafen. Unfallkatastrophe 1937 in Lakehurst/USA. Die Werbeluftschiffe sind keine eigentlichen Zeppeline, sondern so genannte Blimps, das heißt, sie sind ohne Gerippe.

7: *William Shakespeare,* 1564–1616, Schauspieler und genialer Bühnenautor von mehr als 30 Werken mit einer Spannweite von köstlichem Humor bis zu tiefer Tragik. Erste deutsche Aufführung 1771 in Biberach: „Der Sturm" in Übersetzung und Inszenierung von Christoph Wieland.

8: *Carl Eugen,* 1728–1793, Herzog von Württemberg. Regierte fast 50 Jahre lang. Große Bedeutung bekam die Bekanntschaft (1769) und Heirat (1785) mit Franziska von Leutrum (spätere von Hohenheim), die einen segensreichen Einfluss auf den bis dahin tyrannischen Monarchen ausübte.

9: *Musketier Joseph P.,* Daten unbekannt, einer der zahlreichen Soldaten aus dem 18. Jahrhundert. Geworbene Soldaten gelangten damals nicht selten durch ein Gemisch aus Abenteuerlust, Versprechungen, Überlistung und Gewalt zum Militärdienst.

10: *Balthasar Neumann,* 1687–1753, Baumeister. Führte durch seine Schöpfungen das Zeitalter des Barock zur höchsten Blüte. Neben Hauptwerken wie der Würzburger Residenz und der Wallfahrtskirche Vierzehnheiligen war er an zahlreichen Bauten durch seine kühnen Ideen und Planungen beteiligt. So auch an der Abteikirche in Neresheim, deren Fertigstellung er nicht mehr erlebte.

11: *Marie Antoinette,* 1755–1793, Königin von Frankreich. Die österreichische Kaisertochter, deren Brautzug 1770 zum Thronfolger nach Paris führte, hat durch Ungeschick und reaktionäre Einstellung viel zum Unmut gegenüber dem Herrscherpaar beigetragen. Wurde durch die Hinrichtung eines der vielen Opfer der Französischen Revolution.

12: *Ludwig van Beethoven,* 1770–1827, Komponist und Klaviervirtuose. War 1791 im damaligen Mergentheim, das vom Deutschen Orden regiert wurde, Gast im Hause der befreundeten Familie des Ordenskanzlers Breuning. Sein Bratschenspiel im Schloss-Orchester diente dem Gelderwerb.

13: *Käthchen von Heilbronn,* Bürgerstochter, Daten nicht näher bekannt. Nach dem Theaterstück von Heinrich von Kleist („Das Käthchen von Heilbronn", 1808) zeitlich im späten Mittelalter einzuordnen. Das Käthchenhaus am Marktplatz ist nach der Zerstörung von 1944 in vereinfachten Formen wiedererstanden.

14: *Ulrich,* 1487–1550, Herzog von Württemberg. Seine lange Regierungszeit wurde durch die Vertreibung unterbrochen, die er als Landfriedensbrecher selbst verschuldet hatte. Das Schloss in Bad Urach verdankt Entstehung und Ausbau Ulrichs Vorgängern und Nachfahren. An ihn selbst erinnert der so genannte Ulrichsturm der mittelalterlichen Stadtmauer.

15: *Max Eyth,* 1836–1906, Ingenieur und Schriftsteller. Trug wesentlich zur Mechanisierung der Landwirtschaft bei, verbesserte mit mehreren Patenten den Dampfpflug und machte ihn in der ganzen Welt bekannt. Begründer der „Deutschen landwirtschaftlichen Gesellschaft". In seinen Büchern berichtet er anschaulich über die industrielle Umwälzung im 19. Jahrhundert.

16: *Fürstabt Kuno I.* stand dem Benediktinerkloster in Ellwangen an der Jagst von 1188–1221 vor. Die Umstände der Errichtung der Burg und die Entstehungszeit sind nicht eindeutig belegt, vermutlich um 1200. Das heutige Residenzschloss mit Arkadenhof entstammt dem 17., die Barockisierung dem 18. Jahrhundert.

17: *Charlotte D.,* im 19. Jahrhundert geboren. Aus angesehenen bürgerlichen Kreisen. Interesse für die Stadtentwicklung und für das Gebiet der Stoffe und der Mode. Belesen.

18: *Friedrich Schiller,* 1759–1805, freiheitlich gesonnener Dichter. Vor allem Dramatiker, aber auch Verfasser historischer und philosophischer Schriften. Idealistische Einstellung mit einem Glauben an die moralischen Kräfte im Menschen. Seine Balladen und Theaterstücke waren lange Zeit hindurch fester Bestandteil des literarischen Wissens. Objekt großer Verehrung in Form von Benennungen, Denkmälern, Gedächtnisfeiern. Das Denkmal in Ludwigsburg ist ein Geschenk des Bildhauers Ludwig Hofer.

19: *Franziska von Hohenheim,* 1748–1811, der „gute Geist" des Herzogs Carl Eugen. Lebte von 1794 bis 1811 auf ihrem Witwensitz im Schloss Kirchheim unter Teck, das für sie im Südflügel ausgebaut wurde.

20: *Friedrich List,* 1789–1846, visionärer Kämpfer für fortschrittliche Wirtschaftsformen und ein gesamtheitlich geplantes deutsches Eisenbahnnetz. Erlangte trotz großer Fähigkeiten keine gesicherte Berufsbasis, löste Konflikte mit reaktionären Institutionen aus. Mehrfacher Aufenthalt im freieren Ausland (USA, Frankreich). Schwierige Persönlichkeit, zahlreiche Enttäuschungen und Ende durch Selbstmord.

21: *Joseph von Eichendorff,* 1788–1857, Jurist und volkstümlicher romantischer Dichter, preußischer Beamter. Wurde vor allem durch die Novelle „Aus dem Leben eines Taugenichts" bekannt.

22: *König Friedrich I.,* 1754–1816, wurde 1797 Herzog. In seiner Regierungszeit erhielt Württemberg 1803 die Würde eines Kurfürstentums und wurde 1805 Königreich. Verfolgte in der schwierigen napoleonischen Zeit eine geschickte Politik der Gewinne durch Hinwendung zu Frankreich, ohne je das Gesicht zu verlieren. Stark absolutistische Züge.

23: *Faust,* Vorname wahrscheinlich Johannes, um 1480 bis vor 1540. Sehr diffus verlaufender Lebensweg, der von eigenartigen Kontakten mit Universitäten zu Zügen des Gauklertums und der Gesetzesübertretung reichte. Die Bezeichnungen für ihn spiegeln diese Skala wider: Halbgott, Arzt, Wundheiler, Magier, Alchemist, Wahrsager, Scharlatan, Kurpfuscher. Sein Leben gab Anregung zu Sagen, Puppenspielen, Dramen und Musikstücken.

24: *Hermann Hesse,* 1877–1962, weltbekannter Schriftsteller und Nobelpreisträger. Entfloh der Klosterschule Maulbronn, wurde Buchhändler und nach ersten Erfolgen freier Schriftsteller. Religiöses Grundgefühl, entschiedenes Eintreten für das Recht des Individuums, in Selbstbesinnung den eigenen Weg zu finden. Seine Aufrichtigkeit und meisterhafte Sprache machten ihn zu einem Idol.

25: *„Weib von Weinsberg",* Name und Lebensdaten nicht bekannt. Eine der Frauen, die statt ihrer Habe den Mann rettete. Das Ereignis stand im Zusammenhang mit der Schlacht von Weinsberg im Jahr 1140 – ein Sieg der Staufer über die Welfen. Die Burg hieß fortan Weibertreu.

26: *Rudolf Steiner,* 1861–1925, geistiger Wegbereiter der Anthroposophie, zahlreiche Schriften. Die von ihm geschaffene Waldorf-Pädagogik ist die Grundlage für eine seit 80 Jahren existierende Schulform integrativer Art, die auf Entwicklungsrhythmen fußt.

27: *Götz von Berlichingen,* 1480–1562, Reichsritter mit einem von Fehden und Feldzügen erfüllten Leben, das nicht ohne Verurteilung und Haft blieb. Die „Götzenburg" in Jagsthausen vom Ende des Mittelalters wurde später durch Südflügel und Torturm erweitert. Dadurch ergibt sich der für Theateraufführungen äußerst wirkungsvolle Innenhof.

28: *Römischer Legionär,* Name nicht überliefert. Eingesetzt vermutlich in mehreren Kastellen im Zusammenhang mit der Bewachung des Limes. Möglicherweise längere Zeit in Welzheim.

29: *Jérôme Bonaparte,* 1784–1860, Bruder Napoleons. War von 1807 bis 1813 König von Westfalen (der festesfreudige „König Lustik"). Heiratete in zweiter Ehe die württembergische Königstochter Katharina (1783–1835). Der Wohnsitz des Paares war von 1815 bis 1816 das Ellwanger Schloss.

30: *Eduard Mörike,* 1804–1875, Theologe und Dichter. Schuf Gedichte und Erzählungen, deren Eindringlichkeit eher aus den leisen Tönen herrührt. Neben Themen aus der schwäbischen Heimat die Erzählung „Mozart auf der Reise nach Prag".